高等职业技术院校汽车类专业

# 汽车空调构造与维修（第二版）习题册

中国劳动社会保障出版社

**简介**

本习题册是高等职业技术院校汽车类专业教材《汽车空调构造与维修（第二版）》的配套用书。本习题册内容紧扣教材的教学要求，题型全面，题量充足，并涵盖国家职业技能鉴定题库的相关内容，有助于学生复习巩固所学知识。

本习题册由陈社会主编。

**图书在版编目(CIP)数据**

汽车空调构造与维修（第二版）习题册/陈社会主编. —北京：中国劳动社会保障出版社，2014

ISBN 978－7－5167－1456－0

Ⅰ.①汽… Ⅱ.①陈… Ⅲ.①汽车-空气调节设备-构造-高等职业教育-习题集②汽车-空气调节设备-车辆维修-高等职业教育-习题集 Ⅳ.①U463.85－44

中国版本图书馆 CIP 数据核字(2014)第 236048 号

中国劳动社会保障出版社出版发行

(北京市惠新东街 1 号 邮政编码：100029)

*

三河市华骏印务包装有限公司印刷装订 新华书店经销

787 毫米×1092 毫米 16 开本 4.75 印张 112 千字

2014 年 10 月第 1 版 2021 年 12 月第 9 次印刷

定价：9.00 元

读者服务部电话：(010) 64929211/84209101/64921644

营销中心电话：(010) 64962347

出版社网址：http: // www.class.com.cn

http: // jg.class.com.cn

# 目 录

# 模块一　汽车空调基础

## 一、填空题

1. 汽车空调系统由__________、__________、__________、__________和__________以及______________等构成。用于调节车厢内的__________、__________和__________，从而给驾驶员和乘客提供一个清新舒适的环境。

2. 制冷装置由__________、__________、____________、__________、__________、制冷剂管路和________________等组成，它是将车内的热量传递给车外环境的装置。

3. 暖风装置由汽车发动机提供的________或独立燃烧器产生的________作为热源，它是实现车厢内采暖及风窗玻璃除霜和除雾的热交换装置。

4. 汽车空调系统按驱动方式可分为__________________式和__________________式。

5. 汽车空调按结构形式可分为__________式空调、__________式空调以及__________式空调。

6. 为了保证车厢内的空气质量，现在已有很多汽车空调在空调的进风口装上了________和________。

7. 汽车空调的功能有____________、____________、____________、____________等。

8. 制冷剂俗称__________，是制冷系统中的一种工作介质，通过自身“__________”的变化来实现____________，从而达到制冷的目的。

9. 一般来说，制冷工作过程可分为______________、________________、干燥过滤过程、____________、__________五个阶段。

## 二、名词解释

1. 非独立式汽车空调系统

2. 独立式汽车空调系统

3. 分散式空调

## 三、填图题

根据图 1—1，填写汽车空调系统各组成部分的名称。

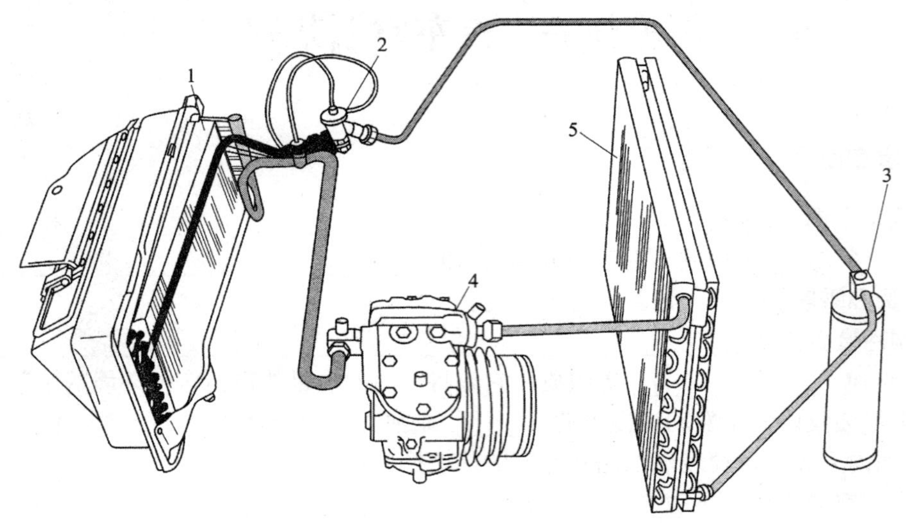


图 1—1　汽车空调

1. ________________　2. ________________

3. ________________　4. ________________

5. ________________

## 四、简答题

1. 简述膨胀阀式汽车空调制冷系统的工作原理。

2. 简述汽车空调制冷系统各组成部分及其功用。

# 模块二　汽车空调制冷系统部件

## 课题一　汽车空调压缩机及电磁离合器

### 一、填空题

1．电磁离合器是用来断开或者接通______________的装置。其主要由______________、转子及____________组成。

2．大、中型商用车空调压缩机多为________________________________________式。

3．摇摆斜盘式压缩机是______________结构，又称____________或______________。

4．电磁离合器转子组件主要由____________________和____________________组成。

5．回转斜盘式压缩机是____________________结构，又称______________________。

6．可变排量压缩机由离合器总成、前盖、__________、__________、__________、后盖、缸体和驱动机构总成组成。

7．在制冷系统工作时，变排量压缩机的电磁离合器一直处于____________________状态。

### 二、判断并改错

1．中、小型汽车空调压缩机多为传统的曲轴连杆机构式。（　　）

改正：

2．上海大众桑塔纳3000使用的空调压缩机品牌是SD－510型。（　　）

改正：

3．温度为20℃时，电磁离合器励磁线圈的电阻值为0.4～0.5 Ω。（　　）

改正：

4．用百分表测量带轮与压盘之间的间隙，正常间隙为0.35～0.6 mm。（　　）

改正：

5．负责压缩机动力分离与结合的组件为液力变矩器。（　　）

改正：

6．定排量的汽车空调压缩机会造成发动机运行不平稳、压缩机进排气压力波动大、出风口温度变化大等不良影响。（　　）

改正：

### 三、填图题

根据图2—1空调压缩机的基本组成图，填写各组成部分的名称。

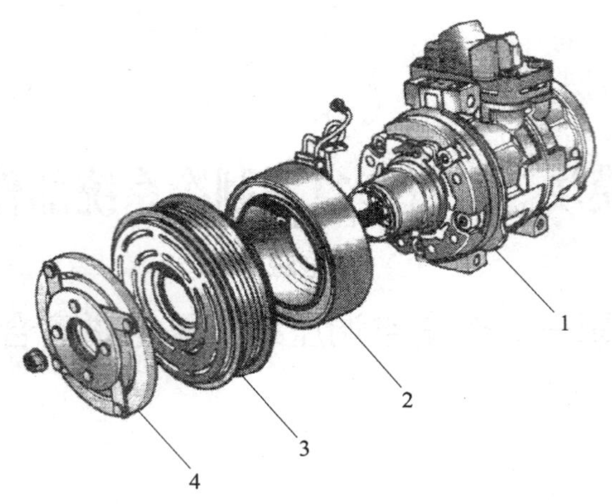


图 2—1 空调压缩机的基本组成图

1—________________ 2—________________

3—________________ 4—________________

## 四、简答题

1．简述汽车空调压缩机和电磁离合器的常见故障及其检修方法。

2．根据图 2—2 简述电磁离合器的工作原理。

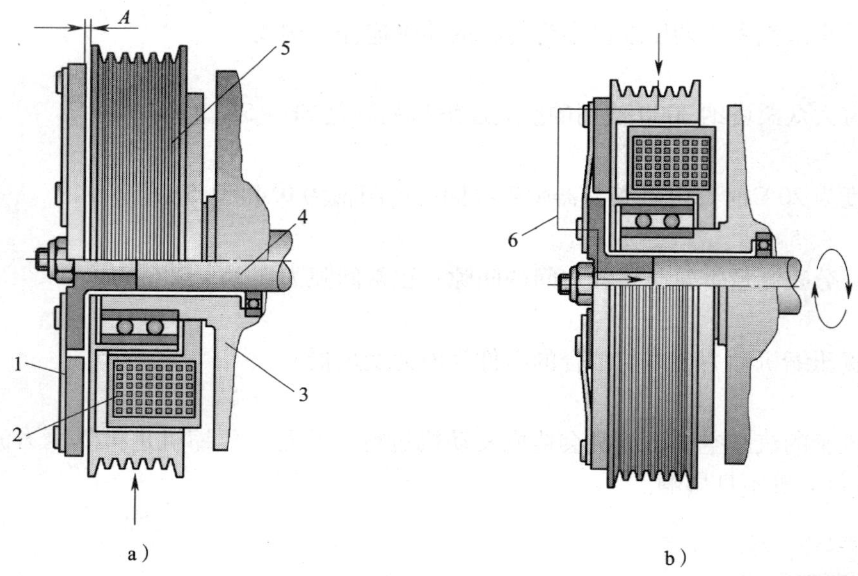


图 2—2 电磁离合器工作原理图

a）释放 b）吸合

1—前板（弹簧板与轮毂） 2—电磁线圈 3—压缩机壳体 4—输入轴 5—带轮 6—动力流

3．简述摇摆斜盘式空调压缩机的工作原理。

4．简述变排量压缩机的工作原理。

# 课题二 冷凝器与蒸发器

## 一、填空题

1．当制冷系统工作时，由冷却风扇形成的空气流经过冷凝器，带走冷凝器管内制冷剂____________，从而使制冷剂由__________变为________________。

2．汽车空调制冷系统采用的蒸发器有__________、__________和__________等几种。

3．平流式冷凝器是制冷剂为________________时换热效率最理想的冷凝器。

4．冷凝器、蒸发器的________、________、________、________等，都将影响汽车空调系统的正常工作。

5．平流式冷凝器是由____________冷凝器演变而成，一般分为两种形式：一种是集流管______________，制冷剂流动方向一致的单元平流式冷凝器；另一种是多元平流式冷凝器，它的集流管是______________，中间有分隔片隔开，起到分流和汇流的作用。

## 二、选择题

1．蒸发器中制冷剂为（　　）。

A．高压气态　　B．低压液态

C．高压液态　　D．低压气态

2．（　　）的作用是把来自压缩机的高温高压气体通过管壁和翅片将其中的热量传递给周围的空气，从而使高温高压的气态制冷剂冷凝成高温中压的液体。

A．电磁离合器　　B．冷凝器

C．蒸发器　　D．储液干燥器

3．汽车空调的（　　）通常置于车内，属于直接风冷式结构，它利用低温低压的液态制冷剂蒸发时需吸收大量的热量的原理，把通过它周围的空气中的热量带走，变成冷空气送入车厢，从而达到车内降温的目的。

A．储液干燥器　　B．冷凝器

C．蒸发器　　D．电磁离合器

4．制冷剂在冷凝器中，经过风扇和空气的冷却变为（　　）。

A．高温高压气态　　B．高温高压液态

C．低压气态　　D．中温高压液态

5．由压缩机压出刚刚进入冷凝器中的制冷剂为（　　）。

A．高温高压液态　　B．高温高压气态

C．中温高压液态　　D．低压气态

## 三、名词解释

1．蒸发器总成

2．冷凝器

## 四、填图题

根据图 2—3 所给出的三张图，判断其各为何种类型的冷凝器。

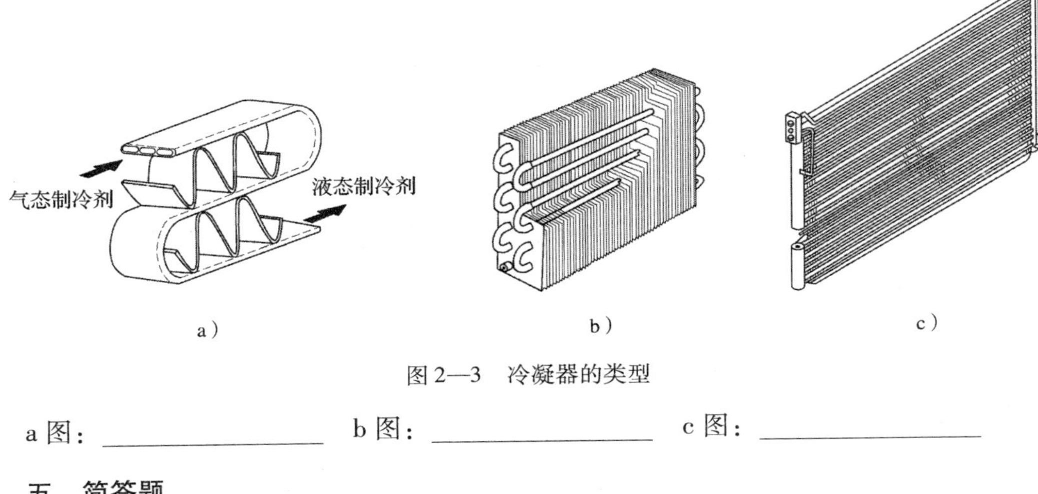

图 2—3　冷凝器的类型

a 图：________________　b 图：________________　c 图：________________

## 五、简答题

1. 简述汽车空调冷凝器的作用和工作原理。

2. 简述汽车空调蒸发器的作用和工作原理。

3. 在检修汽车空调冷凝器和蒸发器时，应注意哪些事项？

# 课题三　节流膨胀装置

## 一、填空题

1. 膨胀阀的作用主要包括__________、__________、__________、防止__________和异常过热现象发生。

2. 节流膨胀装置主要包括____________、____________等。

3. 节流管一旦发生堵塞，一般只能更换，而且同时还需更换__________。

4. 测定膨胀阀性能有两种方法：一种是______________，另一种是____________。

5. 膨胀阀出现阻塞或节流作用失效的故障，会造成汽车空调系统________________或______________。

6. 目前使用的节流装置有两种：__________和__________。前者主要有________膨胀阀、____________膨胀阀和盒式膨胀阀。

7. 膨胀阀的结构由两大部分组成，即__________部分和__________部分。

8. H 形膨胀阀具有外平衡式膨胀阀的__________和温度检测功能，但是没有________。

9. 内、外平衡式膨胀阀外形像字母“____”，所以也叫______________。

## 二、判断并改错

1. 内平衡式膨胀阀，膜片下的平衡压力是从蒸发器出口处导入。（　　）
改正：

2. 在拆装过程中要注意，膨胀阀需直立安装，不能倒置。（　　）
改正：

3. 外平衡式膨胀阀，膜片下的平衡压力是从蒸发器入口处导入。（　　）
改正：

4. 节流管的一般安装位置是在冷凝器入口。（　　）
改正：

5. 膨胀阀的安装位置是在压缩机入口。（　　）
改正：

## 三、名词解释

1. CCOT

2. 液击

## 四、简答题

1. 简述节流管的结构特点。

2. 膨胀阀的常见故障有哪些?

3. 简述内、外平衡式膨胀阀的结构及工作原理。

# 课题四　储液干燥器及集液器

## 一、填空题

1. 储液干燥器的作用：在制冷系统中不可避免地存在着水分，而水分的存在会引发很多后果，例如，__________、__________、__________、__________等，储液干燥器的作用是临时性地存储冷凝器中液化的__________，根据制冷负荷的需要随时供给蒸发器，并补充__________，以及对系统中的__________和__________进行干燥和过滤。

2. 储液干燥器主要由________、__________、__________、视窗和________等几部分构成。

3. 视窗有两个作用：一是指示________________________________________；二是指示________________________________________。

4. 视窗安置在液管通路中或储液罐的出口处。当系统正常运行时，从视窗中可以看到没有气泡稳定流动的液体。假如出现气泡或泡沫，则说明系统________或________。

5. 易熔塞是一种安全设施，一般装在储液干燥器的头部，用螺塞拧入。螺塞中间是一种铜铝合金，当制冷剂温度升到________时，易熔合金熔化，制冷剂溢出，避免损坏系统中其他部件。

6. 集液器一般与____________配套使用，应用在 CCOT 系统中。

7. 任何时候，当更换汽车制冷系统中的主要部件时，也应同时更换____________。

8. 更换集液器或储液干燥器时，不可将新换装的集液器或储液干燥器的 A、B 管塞提前取下，否则其内部的干燥剂会很快因__________而失效。

## 二、选择题

1. 当制冷剂温度升到（　　）℃时，储液干燥器易熔塞上的易熔合金熔化，制冷剂溢出，可避免损坏系统中其他部件。

A. 80　　B. 105 ~ 110　　C. 110 ~ 130　　D. 95 ~ 100

2. 集液器安装在制冷系统的（　　），而储液干燥器则安装在系统的（　　）。

A. 中压区　　B. 低压区

C. 高压区　　D. 高低压过渡区

3. 储液干燥器安装的倾斜角小于（　　）。

A. 45°　　B. 15°　　C. 30°　　D. 60°

4. 干燥剂的作用是（　　）制冷剂。

A. 干燥　　B. 过滤　　C. 滤清　　D. 节流

## 三、名词解释

1. 视窗

2. 易熔塞

3. 镀铜现象

## 四、简答题

1．简述储液干燥器的常见故障。

2．简述集液器的工作原理。

3．简述集液器的功能特点。

4．简述储液干燥器的工作原理。

5．简述储液干燥器的安装注意事项。

# 模块三　汽车空调控制系统

## 课题一　汽车空调系统的压力保护

### 一、填空题

1. 汽车空调系统中一般设有一个或几个压力保护开关，分________和__________两种。压力开关有__________、__________、____________等类型。

2. 为了使汽车空调系统能正常工作，车内能维持所需要的舒适温度和送风条件，空调系统中有一系列的控制元件和执行元件。控制元件和执行元件有__________、__________、____________、________________等。

3. 高压开关的作用是防止系统在____________工作，保护系统不受损坏。

4. 三位压力开关一般安装在____________上，感受制冷剂__________的压力信号。

5. 当制冷剂管路高压侧温度和压力异常升高时，常通过使__________的易熔合金熔化让制冷剂释放的方法保护制冷系统不受损坏。

6. 在有压力的情况下检测压力开关准确度较高：低压开关一般在__________左右触点闭合；高压开关在____________左右触点断开。

### 二、选择题

1. 高压管路上的低压开关安装在冷凝器与膨胀阀间的（　　）管路上或储液干燥器上，（　　）在电磁离合器电路中。

   A. 串联　　B. 并联　　C. 高压　　D. 低压

2. 高压开关安装在冷凝器的出口处或储液干燥器上，为触点（　　）型开关。

   A. 常闭　　B. 常开

3. 将歧管压力表组件和软管接到高、低压检修阀上，通常当系统中制冷剂压力（　　）时，低压开关就应接通；否则为性能不良，应予更换。

   A. 低于 0.21 MPa　　B. 低于 2.1 ~ 2.5 MPa

   C. 高于 0.21 MPa　　D. 高于 2.1 ~ 2.5 MPa

4. 在制冷系统工作时，用纸板或其他板挡住冷凝器的散热，以恶化其冷却效果，这时冷凝器的温度会逐渐升高，当高压侧压力（　　）时，电磁离合器应立即断电。

   A. 低于 0.21 MPa　　B. 达到 2.1 ~ 2.5 MPa

   C. 高于 0.21 MPa　　D. 低于 2.1 MPa

5. 低压开关的触点，在没有压力作用下是（　　）的。

   A. 常开　　B. 常闭

## 三、简答题

1. 简述低压开关的作用。

2. 简述三位压力开关的作用。

3. 简述汽车制冷空调控制系统中高压泄压阀的工作原理。

4. 简述低压开关的工作原理。

## 四、填表题

填写表 3—1 中的汽车空调三位压力开关的组成及工作原理。

**表 3—1　　汽车空调三位压力开关的组成及工作原理**

| 状态 | 原理图 | 结构原理 |
| --- | --- | --- |
| 低压保护 | 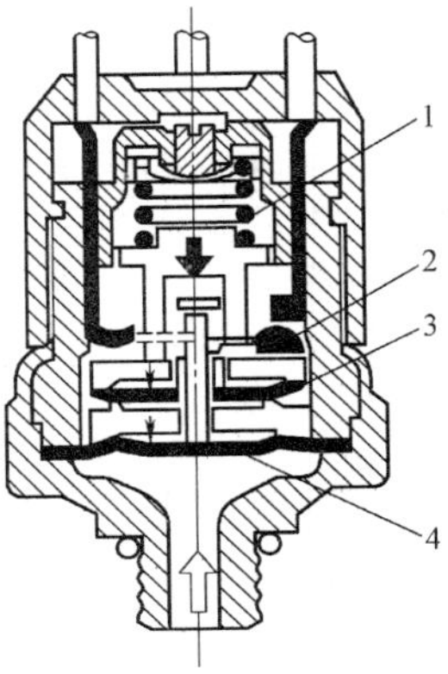 | 结构：<br>1—＿＿＿＿＿＿<br>2—＿＿＿＿＿＿<br>3—＿＿＿＿＿＿<br>4—＿＿＿＿＿＿<br>原理：<br>当制冷剂压力＿＿＿＿MPa 时，隔膜、碟形弹簧和弹簧的弹力大于制冷剂压力，高低压触点＿＿＿，压缩机＿＿＿，实现低压保护 |
| 正常运转 | 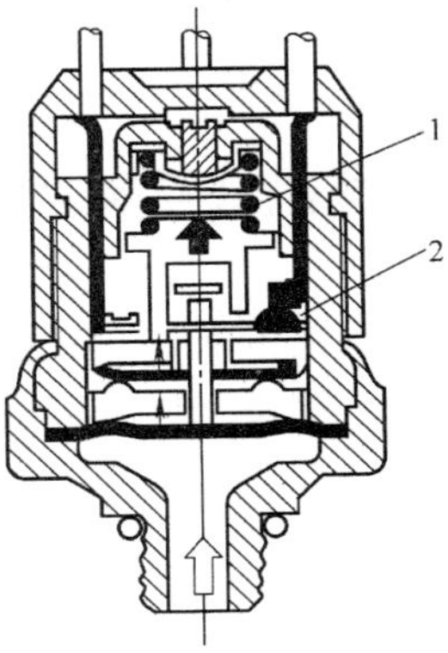 | 结构：<br>1—＿＿＿＿＿＿<br>2—＿＿＿＿＿＿<br>原理：<br>当制冷剂压力达到＿＿＿MPa 时，制冷剂压力高于开关的弹簧压力，弹簧会挠曲，高低压触点＿＿＿，压缩机＿＿＿ |
| 高压保护 | 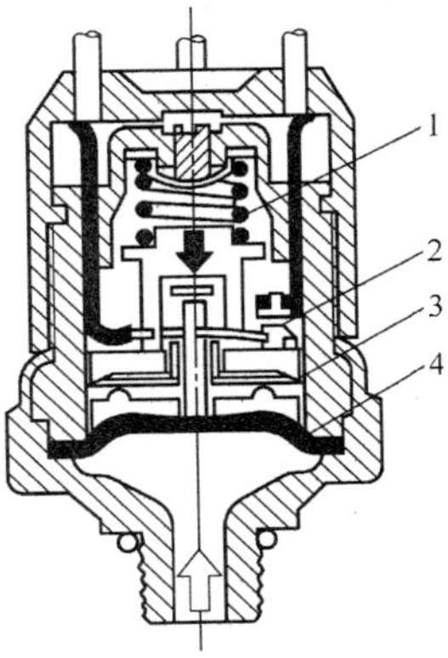 | 结构：<br>1—＿＿＿＿＿＿<br>2—＿＿＿＿＿＿<br>3—＿＿＿＿＿＿<br>4—＿＿＿＿＿＿<br>原理：<br>当制冷剂压力＿＿＿＿＿＿MPa 时，制冷剂压力大于隔膜、碟形弹簧的弹力，碟形弹簧反转，＿＿＿高低压触点，压缩机＿＿＿，实现高压保护 |

续表

| 状态 | 原理图 | 结构原理 |
| --- | --- | --- |
| 中压保护 | 1<br>2 | 结构：<br>1—____________<br>2—____________<br>原理：<br>当制冷剂压力_________MPa 时，制冷剂压力就大于隔膜弹力，隔膜会反转，将轴推上，以接通冷凝器风扇（或散热器风扇）的转速转换触点，风扇以________，实现中压保护；当制冷剂压力降至______MPa 时，隔膜恢复原状，轴下落，触点断开，冷凝器风扇又以___________ |

# 课题二　汽车空调蒸发器的压力控制

## 一、填空题

1. EPR 有两种，一种装在________________之间的管路上，另一种装在______________内紧挨着吸气阀后面。

2. 为了解决因 STV 膜片处的泄漏而使系统制冷剂减少的问题，现在除用 POASTV 代替以外，还有一个方法是将 POASTV 与热力膨胀阀（TXV）、储液干燥器组成一体，称为组合阀______。

3. 导阀控制蒸发压力调节器与 EPR 一样，也被安装在____________________。

4. 用在汽车空调系统中的吸气压力调节器种类很多，如_______________________、___________________、____________________、____________________和_____________________等。

5. 导阀控制蒸发压力调节器（POEPR）是标准 EPR 的改进型。它的性能与 EPR 相同，不同点仅仅在于____________________________________。

## 二、简答题

1. 简述 EPR 调节器的结构及工作原理。

2. 根据图 3—1，填写各部件名称，简述 POASTV 阀的检测步骤。

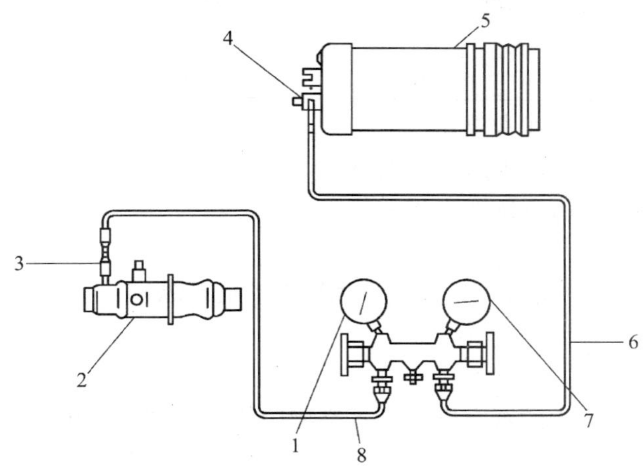


图 3—1　POASTV 阀的检测

1—______________________　　2—______________________

3—______________________　　4—______________________

5—______________________　　6—______________________

7—______________________　　8—______________________

**三、连线题**

用线条将下面的对应关系联系起来。

| | |
|---|---|
| EPR | 吸气节流阀 |
| POEPR | 组合阀 |
| STV | 蒸发压力调节器 |
| POASTV | 导阀控制吸气节流阀 |
| VIR | 导阀控制蒸发压力调节器 |

# 课题三　真空控制装置

**一、填空题**

1. 真空控制系统由__________、__________、__________、____________________等组成。

2. 止回继动器有两个作用：一是______________________________________________；

二是＿＿＿＿＿＿＿＿＿＿＿＿＿＿＿＿＿＿＿＿＿＿＿。

3. 为保证在各种发动机工况下系统都有稳定的最大真空度，真空系统中必须配备＿＿＿＿＿＿、＿＿＿＿＿＿或＿＿＿＿＿＿＿＿。

4. 真空动作器分为＿＿＿＿＿＿和＿＿＿＿＿＿＿两种。

5. 真空止回阀或继动器通常放在＿＿＿＿＿＿＿和＿＿＿＿＿＿＿之间的管路上。

6. 汽车空调供暖系统中热水阀的控制有＿＿＿＿＿和＿＿＿＿＿＿＿两种。

7. 模式门控制即指通过空调仪表板上的＿＿＿＿＿＿＿＿＿＿各种模式风门的开闭。

8. 空调模式门有＿＿＿＿＿、＿＿＿＿＿、＿＿＿＿＿、＿＿＿＿＿、＿＿＿＿＿等，可用绳索操纵，也可用真空操纵（近来发展到用电动机操纵）。

## 二、判断并改错

1. 当发动机进气歧管中的真空度高于真空罐中的真空度时，止回阀关闭。（　　）

改正：

2. 止回阀是靠发动机真空度打开的。（　　）

改正：

3. 通常，真空系统会设一个真空止回阀或止回继动器，以防止发动机进气歧管的真空度高于动作所要求的值。（　　）

改正：

## 三、名词解释

真空动作器

## 四、简答题

1. 简述单腔式真空动作器的工作原理。

2. 简述真空操纵模式门的工作原理。

3. 简述止回阀的作用及工作原理。

## 课题四　汽车空调温度自控系统

### 一、填空题

1. 温度自动控制装置（简称__________）能为车厢提供并保持舒适的温度，当其出现故障时，会造成____________、__________、__________、____________等异常，影响汽车空调的正常工作。

2. 电 – 气动式温度控制装置主要由________、________、__________（现在已发展成集成电路板）和__________________等组成。

3. 转换器也叫____________，其作用是把来自放大器的__________转变成真空信号，真空信号用来调节__________________________。

4. 动力伺服机构的作用是把各种________________________拨到所要求的位置。

5. 控制离合器工作的恒温器有三种形式：__________、__________和__________。

6. 恒温器是汽车空调系统中控制温度的一种开关元件，通过感受蒸发器____________温度、__________温度、__________温度等来控制压缩机的开与停，起到调节__________及____________的作用。

7. 恒温器一般放在____________或靠近蒸发箱的______________。

8. 控制离合器工作的恒温器有三种形式：__________、__________和__________。

### 二、判断并改错

1. 奥迪 100 轿车的车内温度传感器安放在出风口位置。　（　　）

改正：

2. 电 – 气动式温度控制系统中的“电”指汽车电气系统中的直流电，“气”指压缩空气。　（　　）

改正：

3. 电 – 气动式温度控制系统中的温度传感器有三种：车内传感器、风道传感器和水温传感器，近来有的系统中还加入了太阳辐射强度传感器。　（　　）

改正：

## 三、简答题

1．简述电－气动式温度控制装置的作用。

2．简述热敏电阻式恒温器热敏电阻的检测方法。

3．简述波纹管式恒温器的工作原理。

4．根据图 3—2，写出各组成部分的名称，并简述双金属片式恒温器的工作原理。

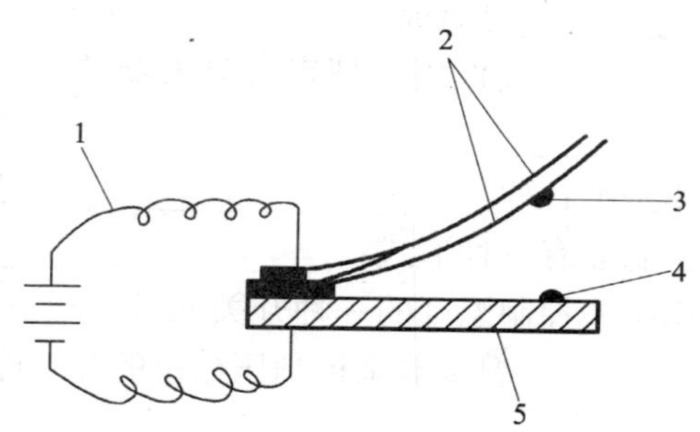


图 3—2　双金属片式恒温器的工作原理

1—____________________　2—____________________

3—____________________　4—____________________

5—____________________

# 课题五　电气控制装置

## 一、填空题

1．过热开关有两种：一种装在____________________上，作用结果是使电磁离合器电源中断，压缩机停转；另一种装在____________________上，作用结果是泄漏报警灯亮。

2. 限温器由＿＿＿＿＿＿＿＿＿＿或＿＿＿＿＿＿＿＿＿＿组成。

3. 不少鼓风机调速电阻器中都设有限温器（热保护器），当电阻器温度过高时，它能＿＿＿＿＿＿鼓风机电路，保护电动机。

4. 环境温度开关是一种电气开关，因＿＿＿＿＿＿＿＿＿的改变而工作。当大气温度低于某一值（例如 -4℃）时，使压缩机处于“OFF”位置；当大气温度高于某一值（例如 2℃）时，又使压缩机处于“ON”位置。

5. 常闭型继电器用在＿＿＿＿＿＿＿＿＿＿＿，触点就＿＿＿＿＿＿＿＿的电路上。例如将空调电源继电器串接在启动电路中，只要汽车开关处于启动位置，此继电器的触点就断开，保证在汽车启动时，空调器不能工作。

6. 安装在压缩机缸盖上的过热开关是一种温度 - 压力感应开关。在正常情况下，此开关处于＿＿＿＿＿位置。

7. 常开型继电器一般用于＿＿＿＿＿控制、＿＿＿＿＿控制、＿＿＿＿＿控制等。

8. 水温开关装在＿＿＿＿＿＿＿或＿＿＿＿＿＿，感应发动机水温以防止发动机水温过热。

9. 过热开关有两种，这两种结构的目的都是防止由于缺少＿＿＿＿＿＿，而造成压缩机因缺乏润滑油而过热损坏。

10. 常见的怠速提高装置有＿＿＿＿式、＿＿＿＿式、＿＿＿＿＿式三种形式。

11. 加速控制装置由＿＿＿＿和＿＿＿＿＿组成。前者一般装在＿＿＿下，或装在其他位置通过＿＿＿＿＿＿＿来操纵。

## 二、简答题

1. 简述安装在压缩机缸盖上的过热开关的工作原理。

2. 继电器分为哪几类？各自的作用是什么？

3. 分别描述泄漏报警灯的检查步骤和过热开关的检查方法。

4. 发动机怠速控制装置有哪几种类型？分别是什么？

5. 为什么大多数汽车上都设置了加速控制装置？

# 模块四　汽车空调电路系统

## 课题一　丰田汽车空调电路系统

### 一、填空题

1. 一汽－丰田卡罗拉汽车手动空调的压缩机是＿＿＿＿＿＿，压缩机的排量可以根据空调的＿＿＿＿＿进行调节。

2. 怠速稳定放大器由发动机＿＿＿＿＿、＿＿＿＿＿和＿＿＿＿＿＿三部分组成。

3. 发动机转速检测电路的作用是测定怠速时的转速是否达到＿＿＿＿＿＿。测定的方法通常是根据发动机＿＿＿＿＿＿进行检测。

4. 温度检测电路是利用热敏电阻把空气温度的变化变换成＿＿＿＿＿＿，传到怠速稳定放大器的。

5. 继电器就是根据来自放大器的电流情况来进行＿＿＿＿或＿＿＿＿压缩机电磁离合器线圈电路的，由此来控制发动机与压缩机的＿＿＿＿或＿＿＿＿＿。

6. 安全控制电路很简单，就是通过压力开关、温度开关等在系统出现压力异常、温度异常时，＿＿＿＿压缩机电磁离合器电路，使制冷压缩机＿＿＿＿＿，对制冷系统起到保护和自动控制的作用。

7. 汽车空调制冷系统的控制电路一般由＿＿＿＿＿、＿＿＿＿＿和＿＿＿＿＿等几部分组成。

8. PTC 加热器位于空调装置的＿＿＿＿＿＿上方。其由一个＿＿＿＿＿＿元件、一个＿＿＿＿＿＿和＿＿＿＿＿＿组成。

### 二、选择题

1. 压缩机电磁阀的本体在 20℃时电阻为（　　）Ω。

A. 10～11　　B. 5～9　　C. 12～20　　D. 20～40

2. PTC 加热器的 ON/OFF 功能由空调放大器根据水温、（　　）、（　　）、空气混合设置和电气负载（发电机电源比）来控制。

A. 环境温度　　B. 蒸发器表面温度

C. 室内温度　　D. 发动机转速

3. 热敏电阻的电阻值随蒸发器出风口的温度变化而变化，即温度上升时电阻值（　　），温度下降时电阻值（　　）。

A. 不变　　B. 上升　　C. 下降

4. 怠速稳定放大器实际上就是控制速度和温度的电路，它相当于将很多开关（　　）

在一起。

A．并联　　　　B．串联　　　　C．串并联

## 三、简答题

1．简述汽车空调制冷系统电源控制部分的基本组成及其功能。

2．环境温度传感器的作用是什么？

3．空调压力传感器的作用是什么？

4．简述压缩机电磁控制阀的工作原理。

# 课题二　桑塔纳汽车空调电路系统

## 一、填空题

1．汽车空调电路故障可分为____________和____________两类。

2．汽车空调电路的任务是对__________、__________、__________等主要部件进行调节和控制。

3．鼓风机除了在制冷系统工作时将______吹向车厢内各个角落外，还要用于车厢内的通风与暖气以及前风窗玻璃的除霜去雾等功能的吹风，所以它应该在点火开关______后即可进行控制操作。

4．桑塔纳3000“超越者”空调整个系统设有____________、____________开关，并结合制冷系统________________开关控制电磁离合器。

5．根据鼓风机工作情况，鼓风机电动机电路可分为两种工况进行分析，即__________________和______________________________。

## 二、选择题

1．F38为环境温度开关，约在（　　）以上为接通状态，（　　）以下为断开状态。

F40 为发动机高温开关，当发动机水温在（　　）℃以上时切断。

A. 18　　B. 2　　C. 25　　D. 120

2. 当发动机水温达到（　　）℃时，安装在发动机散热器上的热敏开关 F18 的低温挡触点闭合。

A. 45　　B. 95　　C. 105　　D. 65

3. 当发动机冷却液温度达到（　　）℃时，电路图 67 号位置上的 F18/（1 --3）$^{+}$，即高速挡触点闭合。

A. 45　　B. 95　　C. 105　　D. 65

4. 运行中的空调系统在高压压力达到（　　）MPa 时冷凝器风扇会高速旋转。

A. 0.50　　B. 1.77　　C. 1.20　　D. 1.50

5. 当鼓风机处于（　　）速度运转时，通过操作空调面板上的出风方向控制旋钮，即可改变出风的流动方向，以实现通风取暖和除霜去雾等不同功能。

A. 低速挡　　B. 高速挡　　C. 任意挡

## 三、简答题

1. 简述桑塔纳 3000“超越者”空调电磁离合器控制电路的基本组成。

2. 简述冷凝器风扇不工作或工作不良的主要原因。

3. 简述鼓风机工作不良或不工作，出风口风量较小或无风吹出的主要原因。

4. 简述空调开关 E30 接通后鼓风机的运转电路。

5. 简述造成汽车空调压缩机不运转或压缩机工作状况不良的主要原因。

6. 桑塔纳 3000“超越者”的空调电路可以分成哪几大部分？

# 模块五 自 动 空 调

## 课题一 自动空调的构造及原理

### 一、填空题

1. ______是车内温度保持在设定温度所必需的鼓风机出风口空气温度，是空调控制器根据输入信号（车内温度传感器、车外温度传感器、阳光传感器）和温度设定计算出来的。

2. 自动空调系统通过程序装置检测____________，调节____________位置来达到并保持驾驶员预先设置的舒适程序。

3. 自动空调系统由________、__________、__________、__________等分系统组成。

4. 自动空调与手动空调的最大结构组成差别是在____________。自动空调电子控制系统主要由__________________、______________和____________三部分构成。

5. 自动空调的执行元件一般包括__________、______及____________等。有的汽车电控自动空调的执行机构由真空变换电磁阀、________________以及风量控制机构等组成。

6. 自动空调的控制功能一般包括________、____________、__________、______________。

7. 阳光传感器是一个____________，利用______________，把阳光照射量变化转换为电流值变化信号检测出来并输送给空调电控单元，用来调整空调吹出的风量与温度。

8. 进气伺服电动机控制____________，电动机的转子经连杆与进气风挡相连。当驾驶员使用__________________选择“车外新鲜空气导入”或“车内空气循环”模式时，空调ECU即控制进气控制伺服电动机带动连杆顺时针或逆时针旋转，从而带动进气风挡闭合或开启，达到改变进气方式的目的。

9. 丰田卡罗拉轿车空调总线连接器有一个内置的通信/驱动集成电路，与各个______连接器通信，驱动该装置，并有_________功能。

### 二、名词解释

神经网络控制

## 三、简答题

1. 简述自动空调与手动空调结构上的异同之处。

2. 简述自动空调的工作原理。

3. 简述神经网络控制的组成及控制过程。

4. 简述丰田卡罗拉轿车空调伺服电动机的工作原理。

# 课题二　自动空调的输入元件

## 一、填空题

1. 自动空调系统常见的故障有__________、________、____________等。

2. 有些车型有两个蒸发器温度传感器，其中一个是用来修正____________，另一个用来防止_______________。

3. 车内温度传感器是自动空调的重要传感器之一，它会影响__________、________、_______________等。

4. 按强制导向车内温度传感器的气流方式不同，车内温度传感器可划分为__________型和____________型两种。

5. 蒸发器的热敏电阻一般安装在______________。有的安装在________________，用来测量从蒸发器出来的空气温度。

6. 自动空调系统的输入元件主要有______传感器、________传感器、____________传感器、________传感器、________传感器、__________传感器、____________传感器以及发动机电控单元输入信号等。

7. 蒸发器温度传感器用来____________，____________，____________，在蒸发器表面温度低于一定值时，使压缩机不工作，防止蒸发器表面结霜。

8. 阳光传感器通过检测照在传感器上的太阳光照强度，将________转变为__________送给空调控制器，用来修正______________与________________。

9. 空气质量传感器也称多功能传感器。它主要是测量空气中的________、__________和__________（通过测量空气中的 CO、$CO_2$、$NO_X$ 等的含量），空调 ECU 通过测量结果来控制压缩机的工作与进气门的位置。

10. 一般自动空调在环境温度低于____________________时，压缩机就不会工作。

11. 丰田卡罗拉车内温度传感器的本体电阻应随温度的升高而减小。在 25℃时，电阻应为____________kΩ；在 40℃时，电阻应为________________kΩ。

## 二、选择题

1. 车外温度传感器一般安装在（　　）。

A. 发动机水箱　　B. 车身表面

C. 仪表板　　D. 前保险杠内或水箱之前

2. 阳光传感器一般安装在（　　）的上面，靠近（　　）的底部。

A. 前挡风玻璃　　B. 前保险杠　　C. 仪表板　　D. 车身表面

3. 车内温度传感器通常安装在（　　）后面的吸气装置内。

A. 出风口　　B. 仪表台　　C. 前保险杠　　D. 车厢内任意位置

## 三、简答题

1. 简述自动空调中烟雾传感器的作用及原理。

2. 简述自动空调中车内温度传感器的作用。

3. 简述自动空调中车外温度传感器的作用。

4. 根据图 5—1 和图 5—2，简述车内传感器的工作原理。

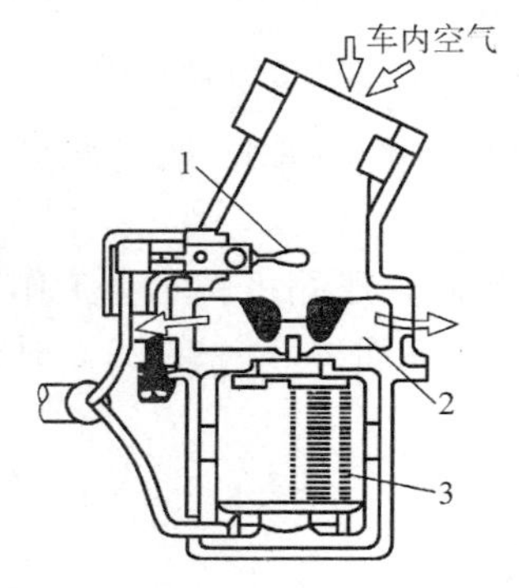


图 5—1　电动机型车内温度传感器

1—热敏电阻　2—风扇　3—电动机

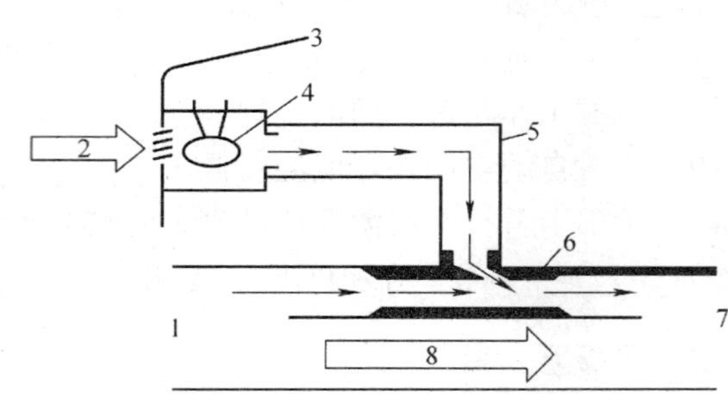


图 5—2　吸气型车内温度传感器

1—入口　2—车内空气　3—仪表板　4—车内温度传感器

5—吸气管　6—喉管　7—出口　8—主气流

5. 简述自动空调中水温传感器的作用。

# 课题三　自动空调的执行元件

## 一、填空题

1. 丰田汽车的空气混合伺服电动机安装__________________________，经连杆操纵空气混合控制风挡和风机转速控制开关（有些型号采用拉线操纵热水阀）。

2. 根据风门的位置和功能可以将风门分成三类：________、________、________。

3. 风门的开启、关闭和位置（角度）调节，起到控制_______________和____________的作用。

4. 位置传感器位于_________________内部。

5. 伺服电动机主要有_________________伺服电动机、_____________伺服电动机，以及___________________伺服电动机等。

6. 空调控制器控制_____________动作，电动机带动_______________移动，同时也带动位置传感器的移动触点，空调控制器通过该信号的变化来给混合门定位。

7. 自动空调的出风模式主要有________、______、______、________等。

8. 空气混合风挡位置传感器用于检测空气混合风挡的位置，并把相响应的信号送至__________，该传感器安装在__________内。

9. 出风口风挡位置传感器用来检测空气出风口风挡的位置，并且将相应的信号送至________，该位置传感器装在_________________总成内。

## 二、名词解释

风门模式

## 三、简答题

1. 空气混合伺服电动机根据控制方式的不同一般可分为哪几种？

2. 出风模式伺服电动机根据控制方式的不同一般可分为哪几种？

# 模块六　供暖与通风

## 课题一　汽车供暖系统

### 一、填空题

1. 供暖系统是汽车空调的重要组成部分，其功能是将冷空气送入__________，吸收某种热源的__________，提高空气的温度后，再将热空气送入________用于取暖及风窗除霜。

2. 汽车水暖式供暖系统主要由____________、____________和____________等组成。

3. 根据热源不同，汽车供暖系统可分为______类。但不论利用何种热源，其热量都是通过________________传递给空气，再通过________________把热空气送入车内的。

4. 根据空气循环方式不同，汽车供暖系统可分为________、__________和__________三类，目前应用最普遍的方式是_____________。

5. 在对供暖系统进行修理工作之前，先调取收音机的____________，然后将蓄电池的接地线____________。

6. 供暖系统常见的故障有______________、______________、____________等。

7. 热交换器由__________和____________等构成。

8. 在水暖式供暖系统中，热水阀一般安装在_______________________，用于控制进入____________的发动机冷却液流量。

### 二、名词解释

1. 水暖式暖风系统

2. 气暖式暖风系统

3. 独立燃烧式暖风系统

4. 综合预热式暖风系统

**三、简答题**

1. 分别描述内循环式、外循环式和内外混合式汽车供暖系统的定义。

2. 简述水暖式供暖系统的工作原理。

## 课题二　汽车通风与空气净化装置

**一、填空题**

1. 自然通风装置的作用是利用车辆运动所产生的空气压力使____________进入车内。车辆行驶时，某些部位产生__________，另一些部位产生____________，这样就会形成压力差，使外部空气进入车内。因此，进气口一般安装于产生正压力的部位，而排气口则安装在________________的部位。

2．汽车通风装置将外部新鲜空气引入到车内，将车内空气排出，从而实现车辆通风。一般汽车都装备有____________通风装置和__________通风装置两种通风装置。

3．强制通风装置的作用是利用风扇装置迫使空气进入____________。进气口和排气口的安装位置与______________相同。强制通风装置一般与汽车供暖系统或制冷装置一起装备和使用。

4．常见的空气净化器是______空气清洁器，它由________、________、__________三部分组成。

5．产生异味的原因有：______太脏，______太脏，蒸发箱发霉，______、______里边有东西腐烂发臭等。

## 二、简答题

1．简述配气系统的基本组成和功能。

2．简述汽车内空气净化的方式和功能。

3．简述空调异味的消除方法。

# 模块七　汽车空调系统的检修

## 课题一　制冷剂量及压力的检查

### 一、填空题

1. 歧管压力表组件由____________、______________、______________组成，这些部件都装在表座上，形成一个压力计装置。

2. 目前替代 R12 得到广泛应用的制冷剂是______________。

3. 歧管压力表组件中的低压表用来检测系统______________，也称组合压力表，可以读出________和__________。在空调系统工作时，低压表的压力一般不高于______kPa。低压侧系统工作压力一般为______________kPa。

4. 汽车空调系统发生故障时可以通过______________来察看系统中制冷剂量是否足够。

5. 歧管压力表组件中的高压表用来指示系统______________。高压侧系统工作压力一般为__________________kPa。

6. 歧管压力表组件是维修汽车空调系统必不可少的重要设备，空调系统维修的基本作业，例如______________、____________、__________________等都离不开歧管压力表组件装置，同时，此装置也能帮助汽车空调系统诊断与排除故障。

7. SPX 公司制冷剂鉴别仪 16910 的白色过滤芯，如果有__________出现，则说明过滤器需______________。

### 二、选择题（请将正确答案选项填在括号内）

1. 启动发动机，将发动机转速稳定在 1 500 ~ 2 000 r/min，把空调功能键置于最大制冷状态，鼓风机置于最高转速，开动空调系统 5 min 后通过视窗进行观察，从视窗中观察到视窗内清晰、无气泡，说明（　　）。

   A. 冷冻机油量过多　B. 制冷剂不足　C. 冷冻机油变质
   D. 制冷剂适量　E. 系统中有水分　F. 有空气存在

2. 启动发动机，将发动机转速稳定在 1 500 ~ 2 000 r/min，把空调功能键置于最大制冷状态，鼓风机置于最高转速，开动空调系统 5 min 后通过视窗进行观察，从视窗中观察发现视窗内偶尔出现气泡，并且时而伴有膨胀阀结霜，说明（　　）。

   A. 冷冻机油量过多　B. 制冷剂不足　C. 冷冻机油变质
   D. 制冷剂适量　E. 系统中有水分　F. 有空气存在

3. 启动发动机，将发动机转速稳定在 1 500 ~ 2 000 r/min，把空调功能键置于最大制冷状态，鼓风机置于最高转速，开动空调系统 5 min 后通过视窗进行观察，从视窗中观察到视窗内有气泡、泡沫不断流过，说明（　　）。如果泡沫很多，也可能是因为（　　）。

A. 冷冻机油量过多　　B. 制冷剂不足　　C. 冷冻机油变质

D. 制冷剂适量　　E. 系统中有水分　　F. 有空气存在

4. 启动发动机，将发动机转速稳定在 1 500 ~ 2 000 r/min，把空调功能键置于最大制冷状态，鼓风机置于最高转速，开动空调系统 5 min 后通过视窗进行观察，从视窗中观察到视窗的玻璃上有条纹状的油渍，说明（　　）。

A. 冷冻机油量过多　　B. 制冷剂不足　　C. 冷冻机油变质

D. 制冷剂适量　　E. 系统中有水分　　F. 有空气存在

5. 启动发动机，将发动机转速稳定在 1 500 ~ 2 000 r/min，把空调功能键置于最大制冷状态，鼓风机置于最高转速，开动空调系统 5 min 后通过视窗进行观察，从视窗中观察到视窗上留下的油渍是黑色的或有其他杂物，则说明系统内的（　　）。

A. 制冷剂不足　　B. 冷冻机油变质　　C. 制冷剂适量

D. 系统中有水分　　E. 有空气存在　　F. 冷冻机油量过多

## 三、名词解释

制冷剂

## 四、简答题

1. 简述歧管压力表组件使用时的注意事项。

2. 简述使用制冷剂时需采取哪些安全措施。

3. 试说明 R12 与 R134a 系统的区别有哪些。

4. 根据图 7—1 给出的歧管压力表组件装置的使用示意图，介绍歧管压力表组件的功能。

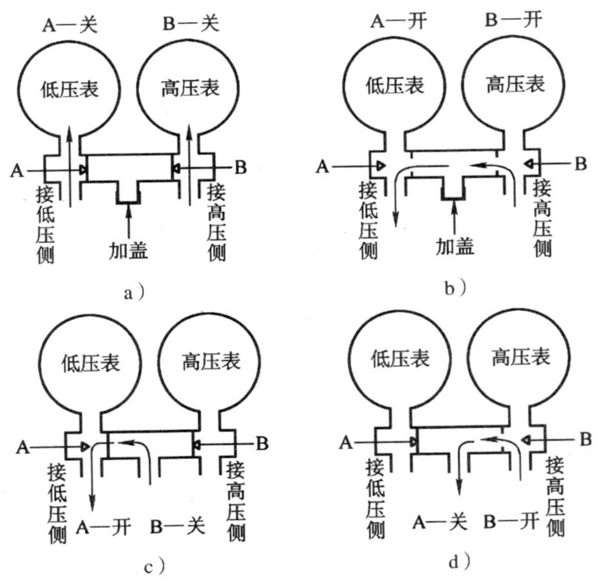


图 7—1　歧管压力表组件装置的使用

a）检测压力　b）抽真空　c）加注制冷剂　d）放空或排出制冷剂

# 课题二　汽车空调系统的检漏

## 一、填空题

1. 电子检漏仪分为______________、____________和______________等。目前常用的是__________________，它既能检测______又能检测__________。

2. 电子检漏仪应在__________的地方使用，避免在___________________的地方使用，实施检查时，发动机要______________。不能将探头置于____________的地方。

3. 制冷剂泄漏是汽车空调系统最常见的故障之一，制冷剂泄漏严重将会导致空调制冷系统__________或____________。

## 二、名词解释

1. 观察法检漏

2. 真空法检漏

3. 肥皂泡沫法检漏

4. 加压法检漏

5. 染料示踪检漏法

## 三、简答题

1．简述目前制冷系统中制冷剂常用的检漏方法。

2．简述肥皂泡沫检漏法检漏的重点部位。

3．在加压法检漏时怎样确定制冷系统管路中的高低压侧？

# 课题三　制冷剂的回收及充注

## 一、填空题

1．利用歧管压力表组件、真空泵抽真空之前，应进行＿＿＿＿＿＿＿检查。

2．利用制冷剂回收与充注机回收制冷剂时注意在回收之前先要启动空调运行几分钟，以便于回收时将＿＿＿＿＿＿＿和＿＿＿＿＿＿＿＿＿带出。

3. 真空泵是汽车空调制冷系统安装、维修后抽真空不可缺少的设备，利用它可去除系统内的________和________等物质。常用的真空泵，有用__________和用____________的两种。

4. 对于拆开修理的空调系统或者发现其制冷剂太少的空调系统，在添加新的制冷剂之前必须用真空泵完全抽空空调系统，目的是清除空调系统内的____________和__________。

5. 充注液态制冷剂时特别要注意：从高压侧向系统注入制冷剂时，绝对不能开动发动机，而且充注时不能拧开__________________。

6. 利用歧管压力表组件、真空泵抽真空总的时间不应少于__________，充分排除系统中的水分之后，才可以向系统中充注制冷剂。

7. 进行制冷剂充注时，有时会发现所要充注的制冷剂没有被完全充入空调系统，或制冷剂充注过慢，这是因为工作罐中的压力和空调系统中的____________所致。

8. 制冷剂本身对于人类____毒____害，但对于环境却是一个重要的______________。

**二、简答题**

1. 充注液态制冷剂和充注气态制冷剂分别适用于哪些场合？说明其充注方法。

2. 通过查阅2010年7月1日执行的交通行业标准《汽车空调制冷剂回收、净化、加注工艺规范》（JT/T 774—2010），画出制冷剂回收、净化、加注作业的工艺流程框图。

## 课题四 压缩机冷冻机油的检查及加注

**一、填空题**

1. 平时使用时，可从冷冻机油的________、________等现象粗略判断油的质量，若有异味，很可能是______了。

2. 空调压缩机冷冻机油的作用有________、________、________和____________等。

3. 如果压缩机里冷冻机油存油过少，则压缩机润滑________，会发生________，甚至__________现象。

4. 添加冷冻机油可用____________、____________两种方法。

5. 空调压缩机中的润滑油通常称为_____________，在压缩机运行中起着重要作用。

6. 冷冻机油中的水分过多，则会在________________________，造成________，影响系统制冷剂的__________；同时，油中的水分会造成_______________及某些材料的腐蚀、变质。

7. 如果制冷系统内冷冻机油过多，过量的机油会附在________上，阻碍__________，降低________________。

8. 冷冻机油变质的主要原因有__________、________、________等。

9. 加入冷冻机油要加到规定的用量。过少则会使压缩机磨损__________，过多则会降低空调______________。

## 二、选择题

1. 通过压缩机上安装的视窗，可观察压缩机油量。如压缩机冷冻机油油面达到视窗高度的（　　）位置，一般认为是合适的。

A. 50%　　B. 60%　　C. 70%　　D. 80%

2. 冷冻机油在实际选用时，应以低温性能为主来选择，但也要适当考虑热稳定性能。汽车空调制冷系统一般选择国产的（　　）号、（　　）号冷冻机油，或进口的 SUNISO 5GS 冷冻机油。

A. 13　　B. 18　　C. 25　　D. 30

3. 我国冷冻机油的牌号有 4 个，即 13 号、18 号、25 号和 30 号，牌号越大，其黏度越（　　）。进口的冷冻机油牌号一般有 SUNISO 3GS ~ SUNISO 5GS，其牌号越大，黏度越（　　）。

A. 大　　B. 小　　C. 不变

4. 若冷冻机油中含有水分，油的透明度会（　　），出现这种情况需更换冷冻机油。

A. 增强　　B. 降低　　C. 不变

5. 冷冻机油（　　），使用后的冷冻机油壶应该马上将盖拧紧。

A. 易干裂　　B. 易挥发　　C. 吸水性强

## 三、简答题

1. 简述保证冷冻机油正常工作的性能要求。

2．叙述冷冻机油品质的检查方法。

3．简述压缩机冷冻机油量的检查方法。

4．应该如何确定冷冻机油加注量？

# 模块八　汽车空调系统的故障诊断与排除

## 课题一　空调系统的维护与常规检查

### 一、填空题

1. 冷凝器的换热状况与其清洁程度有很大关系，因此应经常检查冷凝器表面有无__________、__________，散热片__________或被________现象。

2. 汽车空调系统的定期维护，其方法一般有两种：一种____________________，另一种______________________________________。

3. 汽车空调系统出现不工作或工作不正常等故障时，会有一些外观的表现。我们可以通过直观的检查如________、________、________等方法迅速诊断出故障所在，排除故障。

4. 制冷装置进气门处的空气温度为30～35℃；发动机转速为2 000 r/min，鼓风机以最高速旋转和制冷选用最强挡的条件下，系统的工作压力应为：

低压侧________________MPa；

高压侧________________MPa。

5. 送入车厢内的空气都要经过空气进口滤清器的过滤，因此应经常检查滤清器是否被______________所堵塞并进行______________，以保证进风量充足，防止蒸发器芯空气通道________________，影响送风量。

6. 在对蒸发器进行检查和保养时，一般应__________用检漏仪进行一次检漏作业，每__________年应卸开蒸发箱盖，对蒸发器内部进行清扫，清除送风通道内的杂物。

### 二、选择题

1. 制冷状况的检查应每两年进行一次，一般测量进、出风口温差应为（　　）℃。

A. 10～15　　B. 15～30　　C. 5～15　　D. 7～10

2. 冷冻机油一般每（　　）左右检查或更换一次，如管路有较大的泄漏，应及时检查或补充冷冻机油。

A. 一年　　B. 两年　　C. 半年　　D. 3个月

3. 乘用车空调在正常使用情况下，一般每（　　）年左右更换一只储液干燥器，如因使用不当使系统进入水分应及时更换。

A. 1　　B. 2　　C. 3　　D. 4

4. 除霜温度控制器应在（　　）Ω左右时能自动接通旁通电磁阀，在（　　）Ω时自动断开。车内温度控制器在（　　）℃的控制范围内作用良好。

A. 15　　B. 2　　C. 15 ~ 40　　D. 7

F. 5 ~ 30

5. 在春、秋或冬季不使用冷气的季节里，应每半个月启动空调压缩机一次，每次 5 ~ 10 min。在进行这项保养时，应在环境温度高于（　　）℃进行。

A. 10　　B. 15　　C. 25　　D. 4

6. 新装传动带在使用 36 ~ 48 h 后会有所伸长，故应重新张紧，张紧力一般为（　　）N。

A. 150 ~ 441　　B. 441 ~ 650　　C. 441 ~ 490　　D. 250 ~ 490

**三、简答题**

1. 简述汽车空调制冷系统的日常维护的主要内容。

2. 简述如何用手感检查法诊断汽车空调系统的故障。

## 课题二　自动空调的自诊断

**一、填空题**

1. 大众帕萨特自动空调系统最终控制诊断必须在发动机________，点火开关________，空调________的情形下进行。

2. 自诊断测试时要保证所有的________全部正常；蓄电池的电压至少达到__________；蓄电池的__________连接牢靠。

3. 对于全自动空调装置，除了使用常规方法诊断故障外，通常还需要使用专门的仪器和设备进行__________。

4. 全自动空调控制系统在操纵和指示装置上带有______________，用于监控系统工作时系统中的各元件。

## 二、选择题

1. 在对丰田卡罗拉自动空调系统自诊断指示灯进行检查时应同时按下 AUTO 和 R/F 开关，将点火开关转至 ON 位置，所有的指示灯在 1 s 内应亮灭（　　）次。

A. 2　　B. 5　　C. 4　　D. 10

2. 每一个控制单元 J255 的备件在安装后都必须编码。在每次编码之后都须进行“初始设置”（功能 04）。如果控制单元没有编码，操作和显示单元 E87 的显示器就会闪光（　　）s。

A. 18　　B. 15　　C. 10　　D. 28

3. 为了能获得明确的结果，在进行最终控制的诊断时，在操作和显示单元的显示屏上所显示的外界温度至少为（　　）℃。

A. 12　　B. 18　　C. 20　　D. 25

4. 从发动机室中继线盒内拔出 DOME 熔断器至少（　　）s 或更长时间，即可清除故障码。

A. 5　　B. 10　　C. 15　　D. 20

## 三、简答题

1. 简述丰田卡罗拉自动空调系统故障码的清除方法。

2. 在表格中填写 V. A. G1551 故障诊断仪功能代码所对应的功能。

| 代码 | 功能 |
|---|---|
| 01 | |
| 02 | |
| 03 | |
| 04 | |
| 05 | |
| 06 | |
| 07 | |
| 08 | |

3．丰田卡罗拉自动空调如何进行 DTC 检查？

4．丰田卡罗拉自动空调如何进行执行器检查？

## 课题三　汽车空调故障诊断与排除

### 一、填空题

1．压缩机内部损坏，如压缩机阀片击碎、轴承损坏、密封垫破损等，将造成内部泄漏，导致低压侧压力________，高压侧压力________，从而使制冷效果下降。

2．电磁离合器摩擦面粘有油污或磨损严重，造成离合器____________，使压缩机工作不正常，冷气时有时无。

3．若通过压缩机上的视窗观察到每隔 1～2 s 就会有气泡出现，表明____________。

4．外平衡式膨胀阀的平衡管应装在__________处，但________必须装在________，且应保持适当的距离，两者不能互换位置。

5．鼓风机控制电路中的配线__________或__________，将造成无电流流过鼓风机，导致鼓风机不工作。

6．________是指空调制冷系统工作时，脏物随制冷剂流经小截面通道处形成堵塞现象。________能导致空调系统制冷能力下降，甚至不制冷。

7．压缩机传动带断裂或太松，将造成______________，______________。

8．蒸发器空气过滤网发生堵塞时可________和________清洗空气过滤网。

9. 鼓风机调速器是利用________________来控制鼓风机直流电动机的转速的，它把电动机的转速分为__________、__________、__________。

## 二、判断并改错

1. 安装膨胀阀前，膨胀阀应水平放置，不能斜装，更不可倒装，安装位置应尽可能靠近蒸发器。 (　　)

改正：

2. 蒸发器压力调节阀安装在蒸发器和压缩机之间的高压管上。 (　　)

改正：

3. 制冷系统工作一段时间后，低压压力呈真空状，膨胀阀结霜、水堵、出风不冷，停机一会再打开，工作又正常，不久又重复上述故障，则表明系统中有空气。 (　　)

改正：

4. 如果从压缩机上的视窗中看到有气泡出现，也看不见液体流动，且高压侧过热、高低压力均过高，表明制冷剂过少。 (　　)

改正：

5. 制冷系统中充入过多的冷冻机油时，从视窗中可观察到有大量的泡沫。 (　　)

改正：

6. 从视窗中可观察到大量的气泡，说明有空气进入系统。 (　　)

改正：

7. 制冷剂过多，引起压缩机负荷减少，导致高压管路发出振动声，压缩机发出捶击声。 (　　)

改正：

## 三、名词解释

1. 脏堵

2. 恒温器

## 四、简答题

1. 简述空调继电器的检测方法。

2. 简述造成汽车空调系统出现故障的常见因素。

3. 简述汽车空调系统的故障种类。

# 综合试卷一

## 一、填空题（每空1分，共30分）

1. 汽车空调的功能有温度调节、__________、__________和__________。

2. 电磁离合器主要由______、转子及____________组成。

3. 任何时候，当汽车制冷系统中的主要部件更换时，也应同时更换______________。

4. 汽车空调制冷系统采用的蒸发器有________、________和__________等几种。

5. 汽车空调系统按驱动方式可分为________汽车空调系统和________汽车空调系统。

6. 自动空调系统通过程序装置检测__________，调节______________位置来达到并保持驾驶员预先设置的舒适程序。

7. 在有压力的情况下检测压力开关准确度较高：低压开关一般在________左右触点闭合；高压开关在____________左右触点断开。

8. 发动机转速检测电路的作用是测定怠速时的转速是否达到规定值。测定的方法通常是根据发动机______________进行检测。

9. 汽车空调电路的任务是对________________、______________、鼓风机电动机等主要部件进行调节和控制。

10. 节流管一旦发生堵塞，一般只能更换，而且同时还需更换__________。

11. 平时使用时，可从冷冻机油的__________、________等现象粗略判断油的质量，若有异味，很可能是变质了。

12. 制冷系统每一循环有四个基本过程，即________过程、________过程、_______过程、____________过程。

13. 风门的开启、关闭和位置（角度）调节起到控制__________和________的作用。

14. 真空泵是汽车空调制冷系统安装、维修后抽真空不可缺少的设备，利用它可去除系统内的__________和__________等物质。

15. 担任压缩机动力分离与结合的组件为________________。

## 二、选择题（每题2分，共20分）

1. 在制冷系统工作时，用纸板或其他板挡住冷凝器的散热，以恶化其冷却效果，这时冷凝器的温度会逐渐升高，当高压侧压力（　　）时，电磁离合器应立即断电。

A. 低于0.21 MPa　　B. 达到2.1～2.5 MPa

C. 高于0.21 MPa　　D. 低于2.1 MPa

2. （　　）的作用是通过管壁和翅片把来自压缩机的高温高压气体中的热量传递给周围的空气，从而使高温高压的气态制冷剂冷凝成中温高压的液体。

A. 冷凝器　　B. 蒸发器　　C. 电磁离合器　　D. 储液干燥器

3. 干燥剂的作用是（　　）制冷剂。

A. 干燥　　B. 过滤　　C. 滤清　　D. 节流

4. 蒸发器中制冷剂为（　　）。

A. 高压气态　　B. 低压液态　　C. 高压液态　　D. 低压气态

5. 阳光传感器一般安装在（　　）的上面，靠近（　　）的底部。

A. 前挡风玻璃　　B. 前保险杠　　C. 仪表板　　D. 车身表面

6. 制冷状况的检查应每两年进行一次，一般测量进、出风口温差应为（　　）℃。

A. 10～15　　B. 15～30　　C. 5～15　　D. 7～10

7. 在对丰田卡罗拉自动空调系统自诊断指示灯进行检查时应同时按下 AUTO 和 R/F 开关，将点火开关转至 ON 位置，所有的指示灯在 1 s 内应亮灭（　　）次。

A. 2　　B. 5　　C. 4　　D. 10

8. F38 为环境温度开关，在约（　　）℃以上为接通状态，（　　）℃以下为断开状态。F40 为发动机高温开关，当发动机水温在（　　）℃以上时切断。

A. 18　　B. 2　　C. 25　　D. 120

9. 启动发动机，将发动机转速稳定在 1 500～2 000 r/min，把空调功能键置于最大制冷状态，鼓风机置于最高转速，开动空调系统 5 min 后通过视窗进行观察，从视窗中观察到视窗上留下的油渍是黑色的或有其他杂物，则说明系统内的（　　）。

A. 制冷剂不足　　B. 冷冻机油变质　　C. 制冷剂适量　　D. 系统中有水分

E. 有空气存在　　F. 冷冻机油量过多

10. 内平衡式膨胀阀，膜片下的平衡压力是从（　　）处导入。

A. 冷凝器入口　　B. 蒸发器入口　　C. 冷凝器出口　　D. 蒸发器出口

**三、名词解释（每题 3 分，共 15 分）**

1. 镀铜现象

2. 制冷剂

3. 综合预热式暖风系统

4. 冷凝器

5. 液击

## 四、读图题（5 分）

根据下图在图下横线上填写汽车空调系统各组成部分的名称。

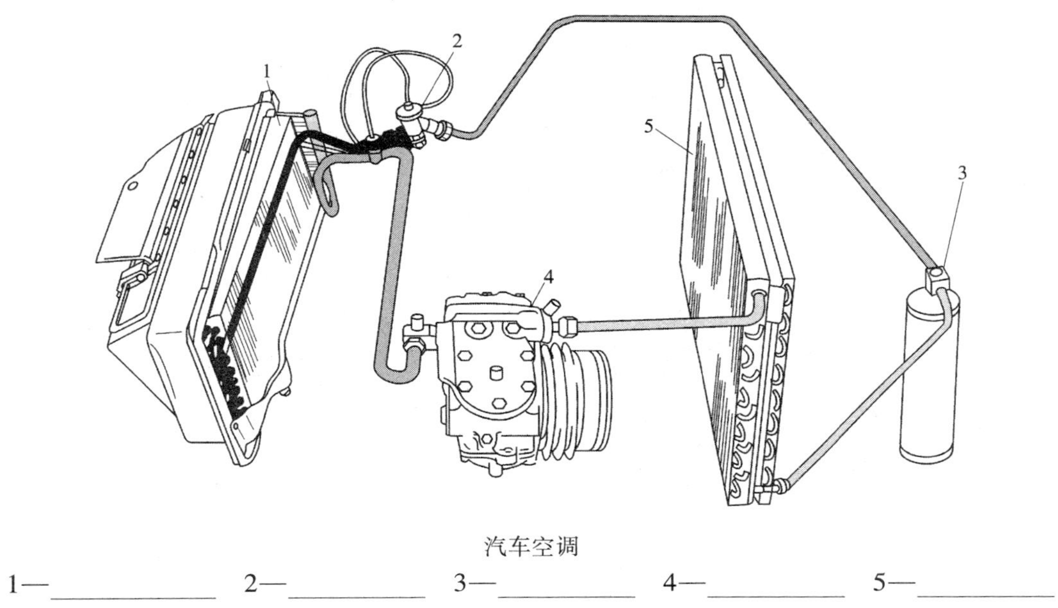


汽车空调

1—__________ 2—__________ 3—__________ 4—__________ 5—__________

## 五、简答题（每题 6 分，共 30 分）

1. 简述汽车空调制冷系统的工作原理。

2. 简述自动空调的工作原理。

3. 简述汽车空调制冷系统的日常维护的主要内容。

4. 简述目前制冷系统中制冷剂常用的检漏方法。

5. 简述汽车内空气净化的方式和功能。

# 综合试卷二

## 一、填空题（每空1分，共30分）

1. 温度检测电路是利用热敏电阻把空气温度的变化变换成________，传到怠速稳定放大器的。

2. 制冷系统每一循环有四个基本过程，即______过程、冷凝过程、______过程、蒸发过程。

3. 汽车空调的功能有温度调节、________、空气净化、__________等。

4. 平流式冷凝器是制冷剂为________时换热效率最理想的冷凝器。

5. EPR有两种，一种装在______________之间的管路上，另一种装在____________紧挨着吸气阀后面。

6. 限温器由__________或__________组成。

7. 冷冻机油变质的主要原因有__________、__________、几种不同牌号的冷冻机油混合使用等。

8. 自动空调系统常见的故障有__________、__________、____________等。

9. 供暖系统是汽车空调的重要组成部分，其功能是将冷空气送入____________，吸收某种热源的热量，提高空气的温度后，再将热空气送入车内用于取暖及风窗除霜。

10. 电子检漏仪分为____________、____________和____________等。

11. 对于拆开修理的空调系统或者发现其制冷剂太少的空调系统，在添加新的制冷剂之前必须用真空泵完全抽空空调系统，目的是清除空调系统内的___________和___________。

12. 安装储液干燥器及集液器前一定先要确定进口端和出口端。一般在其进、出口端打有记号，进口端用英文________表示，出口端用__________表示。

13. 在汽车空调系统中如果高、低压侧压力均偏高，说明故障原因是______________、______________。

14. 压缩机内部损坏，如压缩机阀片击碎、轴承损坏、密封垫破损等，将造成内部泄漏，导致低压侧压力__________，高压侧压力__________，从而使制冷效果下降。

15. 空调压缩机冷冻机油的作用有__________、__________、__________和降低压缩机噪声等。

## 二、判断题（每题2分，共20分）

1. 集液器安装在制冷系统的低压区，而储液干燥器则安装在系统的高压区。（　　）

2. 上海大众桑塔纳3000使用的空调压缩机是SD－510型。（　　）

3. 制冷剂过多，引起压缩机负荷减少，导致高压管路发出振动声，压缩机发出捶击声。（　　）

4. 外平衡式膨胀阀，膜片下的平衡压力是从蒸发器入口处导入。（　　）

5. 大、中型商用车空调压缩机多为传统的曲轴连杆机构式。（　　）

6. 电－气动式温度控制中的温度传感器有三种：车内传感器、风道传感器和水温传感器，近来有的系统中还加入了太阳辐射强度传感器。（　　）

7. 从视窗中可观察到大量的气泡，说明有空气进入系统。（　　）

8. 通常，真空系统会设一个真空止回阀或止回继动器，以防止发动机进气歧管的真空度高于动作所要求的值。（　　）

9. 在某些车上，制冷剂 R134a 可以代替制冷剂 R12，反之也可以。（　　）

10. 安装膨胀阀前，膨胀阀应竖直放置，不能斜装，更不可倒装，安装位置应尽可能靠近蒸发器。（　　）

**三、名词解释（每题 3 分，共 15 分）**

1. 独立式汽车空调系统

2. 脏堵

3. 冷凝器

4. 镀铜现象

5. 肥皂泡沫法检漏

## 四、读图题（5 分）

根据下面的三张图，判断其各为何种类型的冷凝器。

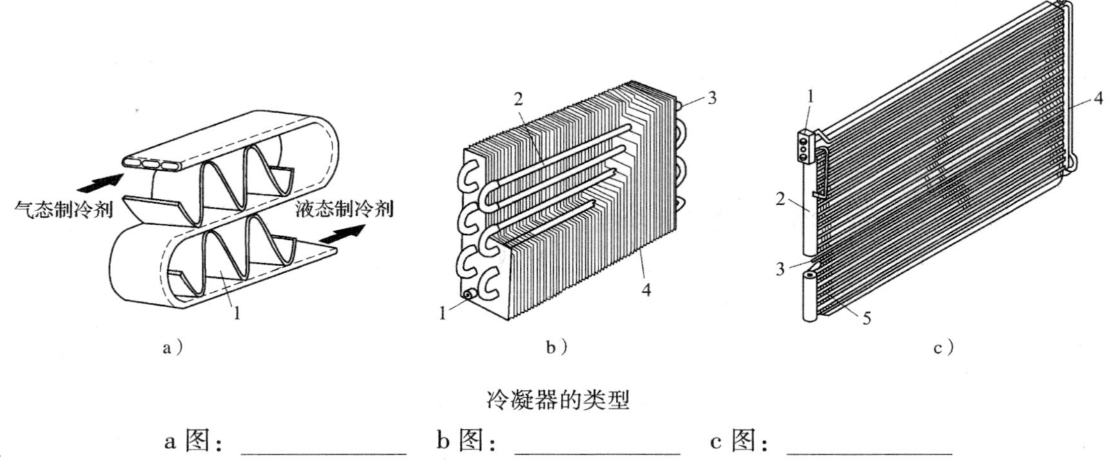


冷凝器的类型

a 图：____________ b 图：____________ c 图：____________

## 五、简答题（每题 6 分，共 30 分）

1．冷凝器和蒸发器检修时应注意哪些事项？

2．简述歧管压力表组件使用时的注意事项。

3．简述自动空调与手动空调结构上的异同之处。

4．简述汽车空调蒸发器的工作原理。

5．简述汽车内空气净化的方式和功能。

# 综合试卷三

**一、填空题（每空1分，共30分）**

1. 如果压缩机里冷冻机油存油过少，则压缩机润滑______，会发生____，甚至____现象。

2. 膨胀阀出现阻塞或节流作用失效的故障，会造成汽车空调系统________________或________。

3. 汽车空调系统按驱动方式可分__________式汽车空调系统和________式汽车空调系统。

4. 易熔塞是一种安全设施，一般装在储液干燥器的头部，用螺塞拧入。螺塞中间是一种铜铝合金，当制冷剂温度升到____________时，易熔合金熔化，制冷剂溢出，以避免损坏系统中其他部件。

5. 继电器是根据来自放大器的电流情况来进行________或________压缩机电磁离合器线圈电路的，由此来控制发动机与压缩机的____________或____________。

6. 自动空调与手动空调的最大结构组成差别是在__________。自动空调电子控制系统主要由________________、______________和执行元件三部分构成。

7. 蒸发器中的制冷剂为______________。

8. F38为环境温度开关，约在______以上为接通状态，______以下为断开状态。F40为发动机高温开关，当发动机水温在________以上时切断。

9. 为了解决因STV膜片的泄漏而使系统制冷剂减少的问题，现在除用POASTV代替以外，还有一个方法是将POASTV与热力膨胀阀（TXV）、储液干燥器组成一体，称为组合阀______。

10. 过热开关有两种，这两种结构的目的都是防止由于缺少________，导致压缩机因缺乏润滑油而过热损坏。

11. 桑塔纳3000“超越者”空调整个系统设有____________、__________开关，并结合制冷系统____________开关控制电磁离合器。

12. 不少鼓风机调速电阻器中都设有限温器（热保护器），当电阻器温度过高时，它能________鼓风机电路，保护电动机。

13. 充注液态制冷剂特别要注意：从高压侧向系统注入制冷剂时，绝对不能开动发动机，而且充注时不能拧开____________。

14. 电磁离合器摩擦面粘有油污或磨损严重，造成离合器________，使压缩机工作不正常，冷气时有时无。

15. 在汽车上总是把__________、__________、____________甚至还有许多相关的零部件组装在一起，称作蒸发器总成。

## 二、选择题（每题 2 分，共 20 分）

1. 冷冻机油一般每（　　）左右检查或更换，对于管路有较大泄漏时，应及时检查或补充冷冻机油。

A. 一年　　B. 两年　　C. 半年　　D. 3 个月

2. 储液干燥器安装的倾斜角小于（　　）。

A. 45°　　B. 15°　　C. 30°　　D. 60°

3. 启动发动机，将发动机转速稳定在 1 500 ~ 2 000 r/min，把空调功能键置于最大制冷状态，鼓风机置于最高转速，开动空调系统 5 min 后通过视窗进行观察，从视窗中观察到视窗内清晰、无气泡，说明（　　）。

A. 冷冻机油量过多　　B. 制冷剂不足

C. 冷冻机油变质　　D. 制冷剂适量

4. 冷冻机油在实际选用时，应以低温性能为主来选择，但也要适当考虑热稳定性能。汽车空调制冷系统一般选择国产的（　　）号、（　　）号冷冻机油，或进口的 SUNISO 5GS 冷冻机油。

A. 13　　B. 18　　C. 25　　D. 30

5. 乘用车空调在正常使用情况下，一般每（　　）年左右更换一只储液干燥器，如因使用不当使系统进入水分应及时更换。

A. 1　　B. 2　　C. 3　　D. 4

6. 每一个控制单元 J255 的备件在安装后都必须编码。在每次编码之后都须进行“初始设置”（功能 04）。如果控制单元没有编码，操作和显示单元 E87 的显示器就会闪光（　　）s。

A. 18　　B. 15　　C. 10　　D. 28

7. 通过压缩机上安装的视窗，可观察压缩机油量。如压缩机冷冻机油油面达到视窗高度的（　　）位置，一般认为是合适的。

A. 50%　　B. 60%　　C. 70%　　D. 80%

8. 汽车空调（　　）通常置于车内，属于直接风冷式结构，它利用低温低压的液态制冷剂蒸发时需吸收大量热量的原理，把通过它周围的空气中的热量带走，变成冷空气送入车厢，从而达到车内降温的目的。

A. 储液干燥器　　B. 冷凝器

C. 蒸发器　　D. 电磁离合器

9. 为了能获得明确的结果，在进行最终控制的诊断时，在操作和显示单元的显示屏上所显示的外界温度至少为（　　）℃。

A. 12　　B. 18　　C. 20　　D. 25

10.（　　）的作用是通过管壁和翅片把来自压缩机的高温高压气体中的热量传递给周围的空气，从而使高温高压的气态制冷剂冷凝成高温中压的液体。

A. 电磁离合器　　B. 冷凝器

C. 蒸发器　　D. 储液干燥器

## 三、名词解释（每题 3 分，共 15 分）

1. 恒温器

2. CCOT

3. 风门模式

4. 液击

5. 真空法检漏

## 四、读图题（5 分）

根据下面给出的压缩机结构图，在横线上填写各组成部分的名称。

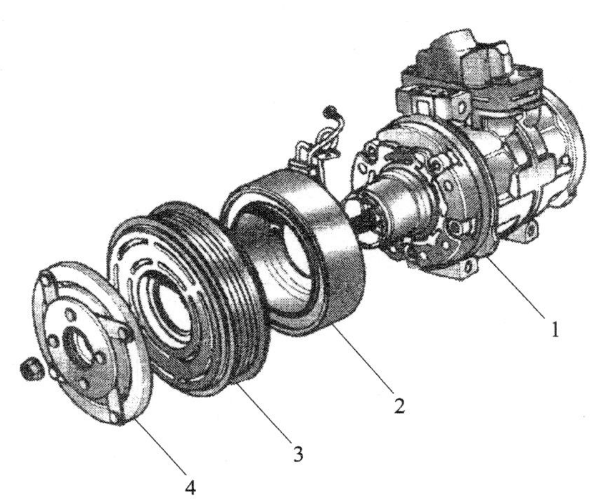


空调压缩机的基本组成图

1—__________ 2—__________ 3—__________ 4—__________

## 五、简答题（每题6分，共30分）

1. 简述自动空调中水温传感器的作用。

2. 简述使用制冷剂时需采取哪些安全措施。

3. 简述丰田卡罗拉自动空调系统故障码的清除方法。

4. 在加压法检漏时怎样确定制冷系统管路中的高低压侧？

5. 请叙述通过眼睛观察检查空调系统故障的方法。

# 综合试卷四

## 一、填空题（每空 1 分，共 30 分）

1. 若通过压缩机视窗观察到每隔 1 ~ 2 s，就会有气泡出现，表明____________。

2. 电磁离合器转子组件主要由________和__________组成。

3. 平流式冷凝器是由__________冷凝器演变而成，一般分为两种形式：一种是集流管________，制冷剂流动方向一致的单元平流式冷凝器；另一种是多元平流式冷凝器，它的集流管是________，中间有分隔片隔开，起到分流和汇流的作用。

4. 高压开关的作用是防止系统在__________________工作，保护系统不受损坏。

5. 转换器也叫真空电磁阀，其作用是把来自放大器的________转变成真空信号，真空信号用来调节动力伺服机构。

6. 环境温度开关是一种电气开关，因____________的改变而工作。当大气温度低于某一值（例如 -4℃）时，使压缩机处于“OFF”位置；当大气温度高于某一值（例如 2℃）时，又使压缩机处于“ON”位置。

7. 安全控制电路很简单，就是通过压力开关、温度开关等在系统出现压力异常、温度异常时，________压缩机电磁离合器电路，使制冷压缩机__________，对制冷系统起到保护和自动控制的作用。

8. 车内温度传感器是自动空调的重要传感器之一，它会影响______________________、________________和进气门的位置以及模式门的位置等。

9. 空气质量传感器也称多功能传感器。它主要是测量空气中的________、________和外界空气的污染程度（通过测量空气中的 CO、$CO_2$、$N0_X$等的含量），空调 ECU 通过测量结果，来控制压缩机的工作与进气门的位置。

10. 根据热源不同，汽车供暖系统可分为 4 类。但不论利用何种热源，其热量都是通过______________传递给空气，再通过____________把热空气送入车内的。

11. 制冷剂泄漏是汽车空调系统最常见的故障之一，制冷剂泄漏严重将会导致空调制冷系统____________或____________。

12. 利用歧管压力表组件、真空泵抽真空总的时间不应少于__________，充分排除系统中的水分之后，才可以向系统中充注制冷剂。

13. 歧管压力表组件中的低压表用来检测系统__________，也称组合压力表，可以读出________和________。在空调系统工作时，低压表的压力一般不高于________kPa。低压侧系统工作压力一般为____________kPa。

14. 进气伺服电动机控制__________，电动机的转子经连杆与进气风挡相连。当驾驶员使用_____________选择“车外新鲜空气导入”或“车内空气循环”模式时，空调 ECU 即控制进气控制伺服电动机带动连杆顺时针或逆时针旋转，从而带动进气风挡闭合或开启，达到改变进气方式的目的。

15. 如果制冷系统内冷冻机油过多，过量的机油会附在________上，阻碍________，降低____________。

**二、判断题（每题 2 分，共 20 分）**

1. 目前替代 R12 得到广泛应用的制冷剂是 R134a。（ ）

2. 加入冷冻机油要加到规定的用量。过多会使压缩机磨损加剧，过少会降低空调制冷效果。（ ）

3. 电磁离合器励磁线圈的电阻为 0.4～0.5 Ω，温度为 20℃。（ ）

4. 节流管的一般安装位置是在冷凝器入口。（ ）

5. 蒸发器压力调节阀安装在蒸发器和压缩机之间的高压管上。（ ）

6. 膨胀阀的安装位置是在压缩机入口。（ ）

7. 制冷剂在冷凝器中，经过风扇和空气的冷却变为中温高压液态。（ ）

8. 在对丰田花冠自动空调系统自诊断指示灯进行检查时应同时按下 AUTO 和 R/F 开关，将点火开关转至 ON 位置，所有的指示灯在 1 s 内应亮灭 10 次。（ ）

9. 启动发动机，将发动机转速稳定在 1 500～2 000 r/min，把空调功能键置于最大制冷状态，鼓风机置于最高转速，开动空调系统 5 min 后通过视窗进行观察，从视窗中观察到视窗上留下的油渍是黑色的或有其他杂物，则说明系统内的冷冻机油变质。（ ）

10. 储液干燥器安装的倾斜角小于 45°。（ ）

**三、名词解释（每题 5 分，共 15 分）**

1. 非独立式汽车空调系统

2. 液击

3. 真空法检漏

4. 水暖式暖风系统

5．易熔塞

## 四、读图题（5 分）

根据下图给出的压力开关位置示意图，在横线上填写各部分的组成名称。

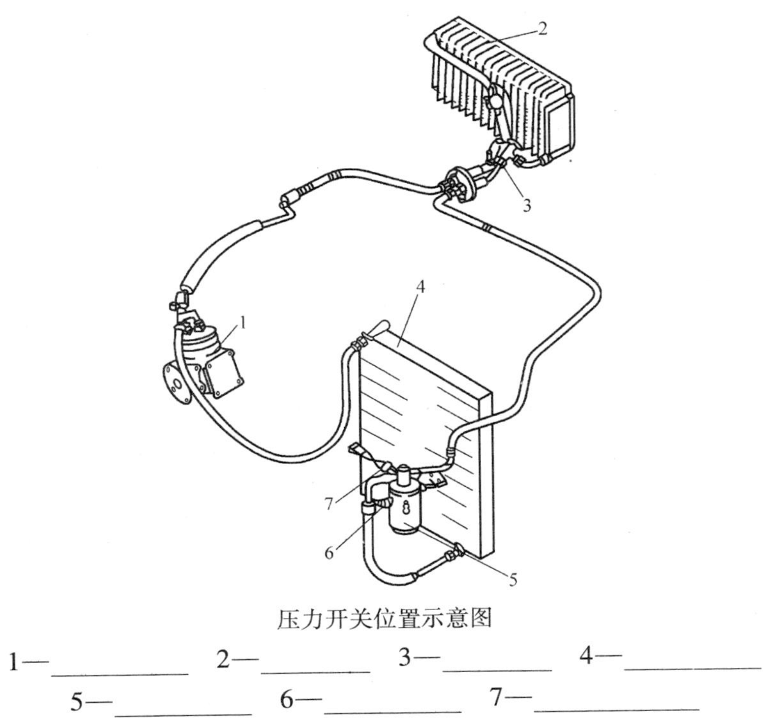


压力开关位置示意图

1—__________　2—________　3—________　4—__________

5—__________　6—__________　7—____________

## 五、简答题（每题 6 分，共 30 分）

1．简述低压开关的作用。

2．简述丰田卡罗拉轿车空调伺服电动机的工作原理。

3. 试说明 R12 与 R134a 系统的区分有哪些。

4. 在表格中填写 V. A. G1551 故障诊断仪功能代码所对应的功能。

| 代码 | 功能 |
|---|---|
| 01 | |
| 02 | |
| 03 | |
| 04 | |
| 05 | |
| 06 | |
| 07 | |
| 08 | |

5. 简述保证冷冻机油正常工作时的性能要求。

# 综合试卷五

## 一、填空题（每空 1 分，共 30 分）

1. 利用歧管压力表组件、真空泵抽真空之前，应进行__________检查。

2. 膨胀阀的作用主要包括__________、__________、__________、__________和异常过热发生。

3. 自动空调的控制功能一般包括__________、__________、__________和进气控制。

4. 空调压缩机中的润滑油通常称为__________，在压缩机运行中起着重要作用。

5. 三位压力开关一般安装在__________上，感受制冷剂__________的压力信号。

6. 汽车空调制冷系统主要由__________、__________、__________、__________、__________和辅助控制元件等组成。

7. 进行制冷剂充注时有时会发现所要充注的制冷剂没有被完全充入空调系统，或制冷剂充注过慢，这是因为工作罐中的压力和空调系统中的________所致。

8. 常闭型继电器用在只要有__________流过，触点就__________的电路中。

9. 汽车空调制冷系统的控制电路一般由__________、__________、__________等几部分组成。

10. 负责压缩机动力分离与结合的组件为______________。

11. 一汽奥迪 100 轿车的车内温度传感器安放在______________。

12. 在拆装过程中要注意，膨胀阀需__________安装。

13. 汽车空调系统自诊断测试时要保证所有的________全部正常；蓄电池的电压至少达到________；蓄电池的正负极连接牢靠。

14. 汽车空调系统的定期维护，其方法一般有两种：一种是______________，另一种是____________________________________。

15. 从发动机室中继线盒内拔出 DOME 熔断器至少________或更长时间，即可清除故障码。

## 二、选择题（每题 2 分，共 20 分）

1. 热敏电阻的电阻值随蒸发器出风口温度的变化而变化，即温度上升时电阻值（　　），温度下降时电阻值（　　）。

A. 不变　　　　B. 上升　　　　C. 下降

2. 若冷冻机油中含有水分，油的透明度会（　　），出现这种情况需更换冷冻机油。

A. 增强　　　　B. 降低　　　　C. 不变

3. 由压缩机压出刚刚进入冷凝器中的制冷剂为（　　）。

A. 高温高压液态　　B. 高温高压气态　　C. 中温高压液态　　D. 低压气态

4. 启动发动机，将发动机转速稳定在1 500～2 000 r/min，把空调功能键置于最大制冷状态，鼓风机置于最高转速，开动空调系统5 min后通过视窗进行观察，从视窗中观察到视窗内有气泡、泡沫不断流过，说明（　　）。

A. 冷冻机油量过多　B. 制冷剂不足　C. 冷冻机油变质　D. 制冷剂适量

E. 系统中有水分　F. 有空气存在

5. 高压开关安装在冷凝器的出口处或储液干燥器上，为触点（　　）型开关。

A. 常闭　B. 常开

6. 在春、秋或冬季不使用冷气的季节里，应每半个月启动空调压缩机一次，每次5～10 min。在进行这项保养时，应在环境温度高于（　　）℃时进行。

A. 10　B. 15　C. 25　D. 4

7. 制冷剂在冷凝器中，经过风扇和空气的冷却变为（　　）。

A. 高温高压气态　B. 高温高压液态　C. 低压气态　D. 中温高压液态

8. 运行中的空调系统在高压压力达到（　　）MPa时冷凝器风扇会高速旋转。

A. 0.50　B. 1.77　C. 1.20　D. 1.20

9. 我国冷冻机油的牌号有4个，即13号、18号、25号和30号，牌号越大，其黏度（　　）。

A. 越大　B. 越小　C. 不变

10. 高压管路上的低压开关安装在冷凝器与膨胀阀间的高压管路上或储液干燥器上，（　　）在电磁离合器电路中。

A. 串联　B. 并联　C. 高压　D. 低压

## 三、名词解释（每题3分，共15分）

1. 视窗

2. 非独立式汽车空调系统

3. 观察法检漏

4. 制冷剂

5. 气暖式暖风系统

**四、连线题（5 分）**

用线段将下面的对应关系连接起来。

| | |
|---|---|
| EPR | 吸气节流阀 |
| POEPR | 组合阀 |
| STV | 蒸发压力调节器 |
| POASTV | 导阀控制吸气节流阀 |
| VIR | 导阀控制蒸发压力调节器 |

**五、简答题（每题 6 分，共 30 分）**

1. 叙述冷冻机油品质的检查方法。

2. 汽车制冷系统的工作原理是什么？

3．写出下图中各组成部分的名称，并简述双金属片式恒温器的工作原理。

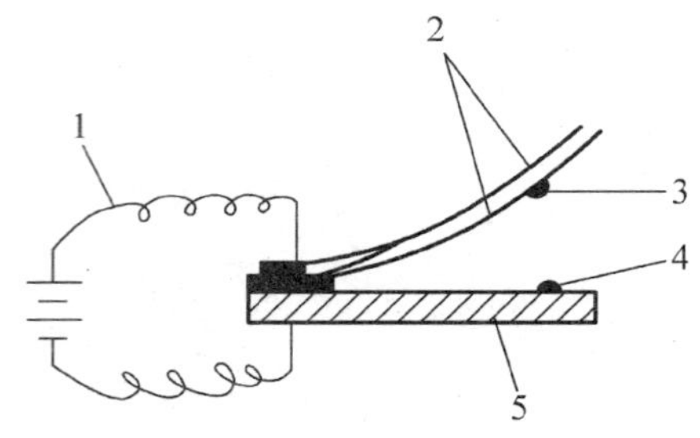


双金属片式恒温器的工作原理

1—__________　2—__________　3—__________　4—__________　5—__________

4．简述水暖式供暖系统的工作原理。

5．在对汽车非独立式空调系统进行检修时，通过眼睛观察检查故障时应检查渗漏的部位有哪些？

# 综合试卷六

## 一、填空题（每空 1 分，共 30 分）

1. 当制冷系统工作时，由冷却风扇形成的空气流经过冷凝器，带走冷凝器管内制冷剂__________，从而使制冷剂由________变为__________。

2. 节流膨胀装置主要包括________、__________等。

3. 安装在压缩机缸盖上的过热开关是一种____________开关。在正常情况下，此开关处于__________位置。

4. 汽车空调电路故障可分为____________和____________两类。

5. 集液器一般与______________配套使用，应用在 CCOT 系统中。

6. 在对供暖系统进行修理工作之前，先调取收音机的____________，然后将蓄电池的接地线________。

7. 冷冻机油中的水分过多，则会在膨胀阀节流口处结冰，造成__________，影响系统制冷剂的__________；同时，油中的水分会造成____________及某些材料的腐蚀、变质。

8. 当制冷剂管路高压侧温度和压力异常升高时，常通会使__________的易熔合金熔化让制冷剂释放的方法保护制冷系统不受损坏。

9. 汽车空调系统由________、________、________、__________和加湿装置中的一个或多个部件以及控制部件等构成。

10. 怠速稳定放大器由发动机________、________和__________三部分组成。

11. 歧管压力表组件中的高压表用来指示系统____________。高压侧系统工作压力一般为____________kPa。

12. 冷冻机油______________，使用后的冷冻机油壶应该马上将盖拧紧。

13. 阳光传感器是一个__________，利用____________，把阳光照射量变化转换为电流值变化信号检测出来并输送给空调电控单元，用来调整空调吹出的风量与温度。

14. 将歧管压力表组件和软管接到高、低压检修阀上，通常当系统中制冷剂压力____________时，低压开关就应接通；否则为性能不良，应予更换。

15. 启动发动机，将发动机转速稳定在 1 500 ~ 2 000 r/min，把空调功能键置于最大制冷状态，鼓风机置于最高转速，开动空调系统 5 min 后通过视窗进行观察，从视窗中观察到视窗的玻璃上有条纹状的油渍，说明______________。

## 二、判断题（每题 2 分，共 20 分）

1. 电 – 气动式温度控制，这种系统中的“电”指汽车电气系统中的直流电，“气”指压缩空气。 (　　)

2．制冷系统中充入过多的冷冻机油时，从视窗中可观察到有大量的泡沫。（ ）
3．当发动机进气歧管中的真空度高于真空罐中的真空度时，止回阀关闭。（ ）
4．动力伺服机构的作用是把各种调温门（如热水阀）拨到所要求的位置。（ ）
5．负责压缩机动力分离与结合的组件为液力变矩器。（ ）
6．汽车空调制冷系统中膨胀阀的作用是节流减压、控制负荷。（ ）
7．内平衡式膨胀阀，膜片下的平衡压力是从蒸发器入口处导入。（ ）
8．不同品牌的冷冻机油不能混用，且冷冻机油要随时盖严，以免吸收空气中的水分。（ ）
9．在某些车上，制冷剂 R134a 可以代替制冷剂 R12，反之也可以。（ ）
10．冷凝器出现散热性能差、泄漏或堵塞故障时，会使空调制冷不足或不制冷。（ ）

**三、名词解释（每题 5 分，共 15 分）**

1．脏堵

5．独立燃烧式暖风系统

3．蒸发器总成

4．视窗

5．加压法检漏

## 四、读图题（5 分）

根据下图给出的歧管压力表组件装置的使用示意图，介绍歧管压力表组件的使用功能。

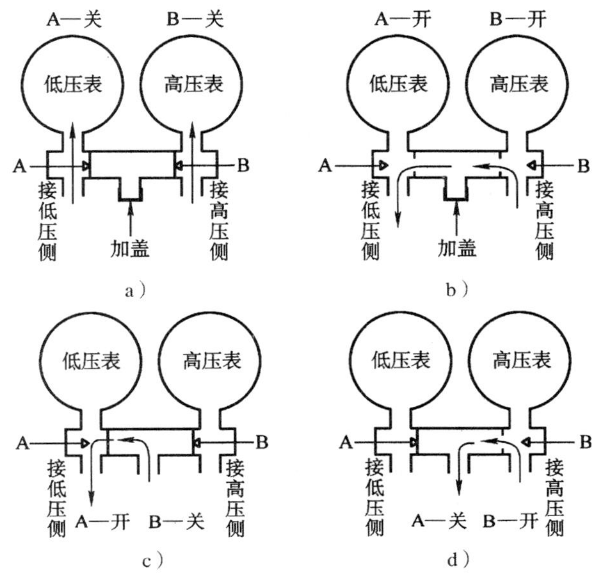


歧管压力表组件装置的使用

a）检测压力　b）抽真空　c）加注制冷剂　d）放空或排出制冷剂

## 五、简答题（每题 6 分，共 30 分）

1．简述汽车空调冷凝器的作用。

2．简述压缩机冷冻机油量的检查方法。

3．简述汽车制冷系统电源控制部分的基本组成及其功能。

4．简述造成汽车空调系统出现故障的常见因素。

5．在汽车空调制冷系统中，高、低压开关的作用是什么？